AF358609

~~LES~~ HISTORIETTES

DE L'HISTOIRE

PAR

ERNEST D'HERVILLY

PARIS. CHARAVAY FRÈRES ÉDITEURS

4, rue de Furstenberg

1884

I

PHILIPPE LEBON

L'INVENTEUR DU GAZ D'ÉCLAIRAGE

N'y aurait-il pas justice à dresser un monument modeste, un buste pour le moins avec inscription sur le piédestal, à la mémoire trop négligée de l'homme qui inventa l'éclairage et le chauffage par le gaz?

Je ne crois pas qu'on ait même donné le nom de cette victime de génie à une des rues de la grande ville où son invention éclate, en traits de flamme sans nombre, chaque soir.

Le modeste monument destiné à rappeler son souvenir effacé à la mémoire de nos enfants a sa place marquée d'avance dans les Champs-Elysées.

Pourquoi, dans les Champs-Elysées, un monument à l'inventeur français de l'éclairage au gaz dont l'Europe et l'Amérique bénéficient?

Pourquoi?

A cause de ceci :

Dans l'après-midi du 4 décembre 1804, le jour même du sacre de Napoléon Ier, deux heures à peine après la cérémonie principale, un homme, un savant officiellement appelé à Paris pour prendre part aux travaux des apprêts de la fête, et pour y assister en sa qualité d'ingénieur, traversait les Champs-Elysées, venant du faubourg Saint-Honoré.

Il allait probablement s'assurer que, place de la Concorde et dans le jardin des Tuileries, toutes les charpentes étaient en bon état et chargées de leurs terrines et lampions officiels — à la graisse.

On allumait déjà dans le Jardin; car, malgré la beauté exceptionnelle du temps, la nuit était venue à son heure ordinaire en cette saison.

Les Champs-Elysées, dont l'allée principale,

ce soir-là, allait être également éclairée par des ifs et des pilastres lumineux, n'étaient pas déserts, mais ils étaient fort ténébreux. Les réverbères y étaient rares.

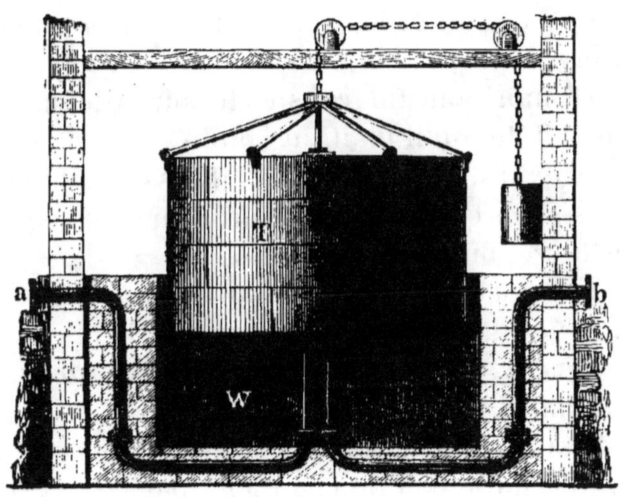

UN GAZOMÈTRE

Comme ce passant longeait un massif plus sombre que les autres, un homme en sortit, se jeta sur lui, le terrassa, le frappa de treize coups de couteau et prit la fuite, sans le dévaliser.

Les cris du blessé attirèrent quelques passants et des agents de police.

Le nombre de ces derniers avait été décuplé cette semaine-là, à cause de l'affluence des étrangers que le sacre attirait à Paris.

Les passants et les agents improvisèrent une civière.

Et le moribond fut transporté, sur sa demande, dans l'hôtel où il était descendu.

Il y expira **sans avoir** pu embrasser sa femme et les siens qu'on avait fait prévenir par exprès au Havre, où il demeurait.

Ce passant tué le jour du sacre, et dont la mort ne figure pas, même en fait divers, dans la *Gazette de France* ou dans le *Moniteur*, se nommait Philippe Lebon.

C'était l'inventeur du « thermo-lampe », appareil d'éclairage et de chauffage par le gaz produit par la combustion du bois en vase clos.

Il n'avait que trente-six ans.

Il était né à Brachay, près de Joinville, dans la Haute-Marne, en 1767.

A vingt ans, il remarquait que la vapeur d'un peu de sciure de bois, échauffée dans un matras, prenait feu au sortir du goulot, avec une belle flamme éclairante.

A vingt-cinq ans, après une série de recherches et de travaux, il découvrait tout ce qu'on peut tirer de la combustion, en vase clos, du bois et de nombre d'autres matières organiques, par l'épuration du gaz : — le goudron, les acides de bois, etc.

Il avait quelque fortune. Il la consacra à ses travaux, applaudi par une femme de cœur, la sienne.

Il s'établissait dans l'île Saint-Louis, puis rue Saint-Dominique, dans un vieil hôtel, dont il chauffait et éclairait toutes les pièces à l'aide de ses appareils qu'il appelait *thermo-lampes*.

Les journaux du temps ont constaté l'émotion de la foule en voyant les étoiles, les girandoles, les candélabres, alimentés par ses thermo-lampes.

Ceci se passait en 1801.

Le gouvernement s'intéressa à la découverte, mais sans en soupçonner la portée immense, et en ne la considérant qu'au seul point de vue du produit de la distillation du bois, c'est-à-dire le goudron.

Philippe Lebon fut découragé, car il rêvait d'éclairer les villes avec son innovation, et, plein d'enthousiasme, comme Archimède après sa trouvaille, s'écriait devant les paysans de Brachay :

— Mes amis, je vous éclairerai et je vous chaufferai de Paris à Brachay !

Prophétie dont il ne devait pas être l'accomplisseur.

Mais le gouvernement lui accordait une portion de la forêt de Rouvray, près du Havre, pour en extraire des goudrons destinés à la marine.

Il devait en produire cinq quintaux par jour.

Il avait dû prendre pour l'exploitation de son procédé des associés anglais, mais il en réservait la gloire et le bénéfice à la France.

Il refusa même noblement, à cette époque, aux princes Galitzin et Dolgorowki, de transporter en Russie son invention !

Tout commençait à marcher à souhait à Rouvray, quand on l'appela à Paris pour la fête du sacre — non point pour l'*éclairer*, mais pour coopérer aux travaux de toute nature des apprêts du sacre.

On a souvent attribué à des haines d'industriels étrangers, à d'odieuses concurrences secrètes, la mort mystérieuse de Philippe Lebon.

Ce mystère n'a jamais été éclairci.

Ce qui est certain, c'est que l'invention du gaz d'éclairage lui appartenait, et qu'elle a été portée et exploitée en Angleterre aussitôt après sa fin subite.

Et c'est d'Angleterre que le gaz, inventé par un Français, nous revint en France pour y être utilisé.

En 1818, sous M. de Chabrol, on éclaira enfin quelques rues de Paris à l'aide de l'invention perfectionnée de Philippe Lebon!

Mais il ne fut pas question de lui à cette occasion.

On sait les résultats et les millions qu'a

donnés l'invention de cet homme de génie.

Quant à lui, au moment de son assassinat, il avait dépensé sa fortune au service de son idée, et son fils est mort, officier de mérite, mais pauvre, laissant deux filles sans dot.

La veuve, la courageuse veuve de Philippe Lebon, reprit avec autant d'ardeur que d'intelligence l'exploitation de l'invention de son mari.

Mais elle fut trahie, volée par des capitalistes, ses associés, et se déclara vaincue.

Une maigre pension lui fut accordée, dans sa vieillesse, par le gouvernement.

*
* *

Est-ce qu'il n'est pas de toute justice que le nom oublié de cet homme utile à l'humanité, soit publiquement rappelé, chaque jour, à nos enfants, dans leurs promenades, par un petit monument élevé à l'endroit où il tomba, endroit ténébreux jadis, et que son invention a fait si brillant et si joyeux aujourd'hui?

II

LE JOUR DE L'AN SOUS TIBÈRE

Aux Calendes du mois mis sous le vocable de Janus, Dieu de l'Année, c'est-à-dire le premier jour de notre mois de janvier, Rome offrait le tableau d'un joyeux affairement général, public et privé, tout à fait comparable au spectacle que présente Paris au Jour de l'An.

Tout le monde se levait beaucoup plus tôt que d'habitude, et, dans toutes les maisons, on échangeait, le visage riant, des paroles agréables et des vœux de prospérité, en accompagnant les souhaits et les félicitations de ces symboliques et très simples présents appelés *Strenæ*, que nous avons considérablement revus et augmentés sous le nom d'Étrennes. Puis le bruit se répandait dans la ville que des auspices favorables avaient été observés au point du jour, sur la colline des Augures. Les allants et venants se transmettaient, avec de gracieuses salutations, cette heureuse nouvelle apportée surtout par les viateurs (piétons) de la Curie, courant par toutes les rues pour rappeler aux sénateurs les différentes cérémonies du jour et les lieux de rendez-vous fixés pour les cortèges officiels.

Avant l'aurore, les marchands ambulants, dont beaucoup avaient passé la nuit dans les rues et sur les places, en dépit du souffle glacé de l'Aquilon, afin de ne pas manquer la vente de la première heure, se hâtaient d'étaler leurs provisions d'humbles *Strenæ* : joujoux de terre cuite et de bois pour les enfants, — mains fermées, en pâte cuite ou crue, pour offrir à l'autel de Janus, — dattes luisantes de leur propre suc, ou recouvertes d'une mince feuille d'or battu, — pièces de monnaie antiques pour offrandes aux dieux, — figues sèches, — rayons de miel blanc dans leur cire, — bijoux de bronze, d'argent et d'or, — épingles, pinces, — enfin les rares fleurs de la saison.

ROME. — LE FORUM

De moment en moment, la foule devenait
plus compacte dans les rues et dans les bou-
tiques. Les cabarets ne désemplissaient pas.
Seulement, on se gardait bien, comme chez
nous (où les cabarets sont, ce matin-là, pleins
comme ceux de Rome, il y aura bientôt deux
mille ans), de prononcer des paroles profanes.

On évitait, au contraire, avec un soin ex-
trême, de dire des choses qui ne fussent point
congruantes à la solennité religieuse des Calendes januaires.

Le *tondeur*, accablé d'ouvrage, avait beau
entamer la peau d'un patient avec son rasoir
de bronze en forme de croissant, le patient res-
tait calme et renfonçait dans sa gorge les im-
précations prêtes à en sortir.

Bref, le jour devait être tout entier consacré
aux œuvres aimables, aux indulgences conci-
liantes, aux pardons des cancans, à l'oubli des
brouilles de famille, au culte des dieux, à la
vénération de l'empereur.

Mais aux Calendes de janvier que nous es-
quissons ici, l'empereur en question, Tibère,
— boue pétrie avec du sang, comme l'avait

qualifié son précepteur, — n'avait pas cru devoir rester dans sa petite maison du mont Palatin pour y recevoir, selon l'antique usage, les félicitations et les présents des citoyens romains.

Il était parti la veille pour l'une de ses villas.

Il avait décidé que sa chaise curule, placée sous le portique de sa demeure, verrait seule défiler devant elle les sénateurs, les magistrats, les pontifes, les patriciens, les chevaliers, enfin le troupeau des plébéiens.

Donc, Tibère était absent aux Calendes januaires dont nous parlons, et cela expliquait peut-être, autant que la célébration de la fête annuelle, l'allégresse générale.

Les délateurs (mouchards), grands et petits, avaient cessé pour un jour d'exercer leur lucrative industrie. On respirait dans les hautes familles.

Avant de saluer la chaise de Tibère, on allait assister à la plus importante des cérémonies des Calendes de janvier, à la prise de possession de leur charge des deux consuls désignés par le Sénat, pour remplacer ceux de l'année écoulée.

Ces magistrats suprêmes, qu'on venait en foule, les sénateurs en tête, chercher à leur domicile, montaient au Capitole, vêtus de blanc et portés sur des chevaux blancs qu'ils offraient à Jupiter, très bon, très grand, en arrivant au seuil de son magnifique temple.

Les anciens consuls les recevaient à l'entrée et leur faisaient prononcer les serments d'usage. Puis avait lieu un sacrifice de bœufs blancs, à l'issue duquel les nouveaux consuls, revêtant la toge prétexte à bande de pourpre, redescendaient au Forum, pour répéter devant le peuple, du haut des Rostres, le serment d'observer les lois qu'ils avaient prononcé au Capitole. Les *faisceaux*, portés par deux files de douze licteurs, les précédaient.

Un grand nombre d'autres cérémonies officielles suivaient l'installation des consuls. Puis venaient les sacrifices et les visites aux différents temples. L'édicule en bronze de Janus à deux faces, dieu spécial de l'Année, était surtout entouré, dans le Forum. On déposait sur l'autel élevé vis-à-vis de sa statue dorée des *mains* de pâte, de la farine mêlée de sel, de la vieille monnaie à l'effigie bicéphale du dieu des gâteaux.

En quittant le Forum, le peuple qui portait ce jour-là ses habits de luxe, toges et tuniques d'une blancheur immaculée, remontait au Palatin et se massait sur la place carrée qui précède la maison, d'apparence très modeste, de l'empereur. Le défilé avait lieu en colonnes interminables, et pendant toute la matinée, devant le portique de pierre de l'édifice. En passant devant la chaise vide de Tibère, on s'inclinait, puis on déposait un présent — généralement une petite monnaie d'argent — dans une des vastes corbeilles disposées à cet effet. Personne ne trouvait cela humiliant, ni comique.

Sous Auguste, le présent était immédiatement rendu, de même valeur ou de valeur double, à celui qui le faisait, par un garde des finances, — placé à côté de l'empereur, croit-on.

Cette salutation à l'empereur se poursuivait, tous les jours, pendant le mois de janvier, pour ceux qui étaient absents de Rome aux Calendes.

Tibère, soit par économie, soit parce que la cérémonie l'ennuyait, avait déclaré que, les Ca-

lendes passées, il ne recevrait plus personne et ne restituerait aucun présent.

On voit par ce qui précède qu'il se dérobait à l'usage traditionnel, même le premier de l'an.

Il prit cette résolution vers la fin de son principat, quand il fut devenu l'esclave obéissant de l'effroyable Séjan.

L'empereur, ou plutôt son siège curule, salué de la sorte, chacun — des sénateurs aux plus obscurs citoyens — se hâtait de retourner en ville, à travers les rues plus que jamais encombrées, et de faire quelques visites à des parents ou à des amis, avant le dîner.

On avait, du reste, comme à Paris, tout le mois pour faire et rendre les visites ordonnées par la politesse à l'occasion du renouvellement de l'année.

Les premières visites faites, on revenait dîner en famille, gaiement. Dîner tout intime, néanmoins.

Ce n'était que le soir, au souper, qu'avaient lieu, la coupe en main, les réjouissances du jour, en compagnie d'amis et de *clients*.

A propos de clients, disons que ceux-ci, quelque pauvres qu'ils fussent, ainsi que les parasites eux-mêmes, accouraient chez leurs patrons, dès le matin, pour lui offrir leurs vœux et leurs humbles présents, qui consistaient, — non en une orange entortillée de papier de soie, comme de nos jours, — mais en *un* vieil *as* d'airain, ou en *une* datte couverte d'une pellicule d'or en feuille.

Après le diner, en attendant le souper, l'usage voulait qu'on se livrât à ses affaires et à son négoce : car Janus, au dire des théologiens romains, n'a pas voulu que sa fête fût un jour de repos absolu, afin que l'année ne commençât pas sous un auspice d'oisiveté, et la seconde moitié des *Calendes* de janvier était *faste*. La justice, par exemple, en vacances le matin, reprenait son cours dans l'après-midi, et les artisans travaillaient.

Ce travail, plus symbolique que réel, du premier jour de l'an, — qu'on évite le plus qu'on peut à Paris, au contraire, — était pour le peuple superstitieux de Rome l'un des plus heureux présages de ce jour solennel qui se terminait, comme nous l'avons indiqué plus haut, par des banquets et des agapes où régnait la plus franche cordialité.

III

THIMONNIER

L'INVENTEUR DE LA MACHINE A COUDRE

La machine à coudre, que les Américains ont perfectionnée d'une manière admirable, est une invention absolument française.

Et pourtant, que de fois tout l'honneur de cette invention a été et est encore attribué à nos ingénieux voisins de l'autre côté de l'Atlantique, spécialement à Walter Hunt et à Elias Howe;

Tandis que des travaux et des recherches de la *Société des Sciences industrielles de Lyon*, travaux très complets, que j'ai sous les yeux, il résulte (et les rapports de tous les commissaires des grandes expositions internationales l'ont reconnu également) que la première machine à coudre, *à fil continu*, ayant fonctionné d'une façon régulière et pratique, a été inventée en

1830 par le lyonnais Barthélemy Thimonnier,
né à l'Arbresle en 1793.

Il serait bon qu'une modeste plaque, au coin
d'une rue de Paris, portât le nom de Thimonnier
et rappelât aux passants le nom de ce Français,
de cet enfant d'ouvrier, mort pauvre après
avoir doté son pays et le monde civilisé d'une
création qui a révolutionné l'univers industriel
et qui lui a fait gagner des millions.

Résumons en quelques lignes l'histoire de la
vie — d'une poignante banalité, comme celle de
tous ces inventeurs qu'a étreints la misère, —
de ce Thimonnier dont la mémoire a trop souvent cédé le pas devant le souvenir des grands
mécaniciens américains.

Fils d'un teinturier, Thimonnier eut à peine
l'éducation primaire, et dut, pour vivre, appren-
dre l'état de tailleur, qu'il exerça à Amplepuis.

Les travaux de broderie au crochet exécutés
dans le Lyonnais donnèrent à l'ouvrier tailleur
l'idée de remplacer, pour aller plus vite, la main
de la brodeuse par une couseuse mécanique,

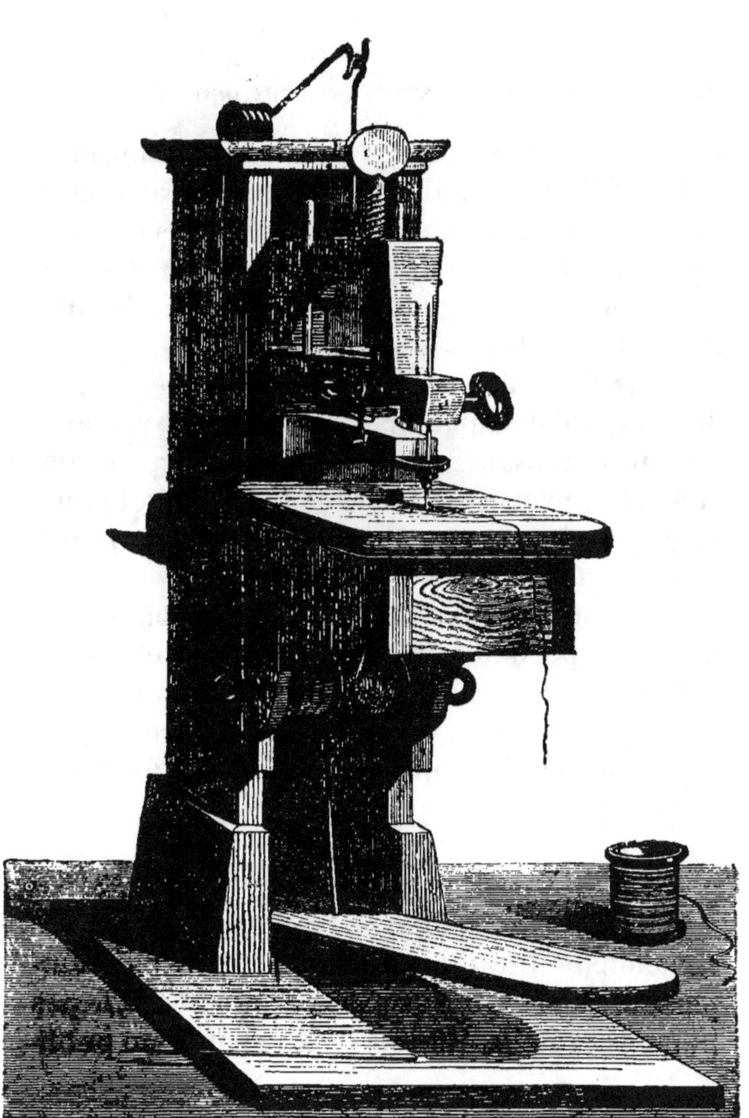

LA PREMIÈRE MACHINE A COUDRE.

appliquée à ses propres travaux de couture.

En 1825, il habitait Saint-Etienne, travaillant de son état ; mais cherchant, en secret, sans posséder aucun principe de mécanique, le moyen de gagner plus rapidement le pain d'une famille qui s'augmentait.

En 1829, traité comme tous les chercheurs de fou et de dissipateur par ses amis et voisins, à bout de ressources, il est enfin maître de son idée, et il prend, en avril 1830, un brevet pour un appareil à *coudre mécaniquement au point de chainette.*

Un inspecteur des mines, M. Beaumei, soupçonna l'importance de cette découverte et mena Thimonnier à Paris en 1831. Peu après, à la suite d'une commandite, un atelier de quatre-vingts appareils fonctionnait rue de Sèvres, sous la direction du tailleur lyonnais.

Mais à cette époque — et le fait que nous rappelons suffirait seul à démontrer, par comparaison avec ce qui se passe de nos jours, le pas immense que la diffusion de l'instruction publi-

que a fait faire à l'esprit de l'ouvrier français —
les ouvriers en général, si convaincus de l'uti-
lité de la machine aujourd'hui, ne voyaient alors
qu'un concurrent et un ennemi dans le
mécanicien, et, souvent, ils brisaient les machines.

C'est ce qui arriva aux couseuses de Thimonnier. On les démolit. La petite compagnie qui
les exploitait dut se dissoudre et l'inventeur revint à Amplepuis, où il travailla seul, s'aidant
de sa machine, quand il avait de la besogne. Il
se résigna même *à la montrer*, comme curio-
sité, pour quelques sous, dans un moment de
noire misère.

Puis il se mit à en construire quelques exem-
plaires, qu'il vendit, à grand'peine, car le seul
mot de *couture mécanique* faisait naître défiance
toujours, colère parfois.

En 1845 (un brevet le constate) la machine
Thimonnier, toute sommaire qu'elle était, faisait
200 points à la minute, ce qui était un immense
progrès déjà sur les 25 à 30 points à la main.

Il perfectionna encore sa machine, et en 1848 il put broder, coudre tous les tissus, à raison de 300 points à la minute; une aiguille tournante lui permit de broder des ronds et festons sans tourner l'étoffe.

Naturellement, la découverte avait, peu après, fait sans bruit un chemin considérable dans les esprits, était connue en Angleterre, avait passé l'Atlantique, s'acclimatait aux États-Unis où des mécaniciens ingénieux la transformaient.

Mais la fatalité ne lâche que bien rarement l'inventeur : la machine Thimonnier, envoyée à l'Exposition de Londres en 1851, reste entre les mains de son correspondant anglais, et n'arrive à l'exposition — qu'après l'examen du Jury! A la place qu'elle devait occuper, on enregistre les *premiers essais de perfectionnement* américains apportés à son appareil, et les machines à 2 *fils* et à navette de Elias Howe, dont, dès 1832, Thimonnier s'était occupé.

Ce fut le dernier coup. Trente ans de lutte, de travail, de dénuement l'avaient épuisé : Thimonnier mourut à Amplepuis, le 5 août 1857, âgé de soixante-quatre ans. ruiné.

En 1866, sa veuve, âgée et infirme, ne vivait que du travail de ses fils, ouvriers de professions diverses, et gagnait 30 centimes par jour à dévider du coton à Amplepuis!

A cette époque seulement une pension de 600 francs lui fut faite par le Ministère du Commerce!

* * *

L'histoire est commune, tout atroce qu'elle soit, et — le génie humain a de ces énergies que rien ne dompte — elle n'arrêtera, heureusement. aucun chercheur dans la voie douloureuse où il s'engage pour le bien des masses.

Mais il est salutaire de rappeler au respect attendri de tous les noms obscurs, souvent ignorés, des hommes qui sont les gloires durables de notre pays, et la capitale de la France donnant à une de ses belles rues le nom de l'inventeur Thimonnier rendrait à un des enfants du peuple l'honneur public qu'il a si rudement gagné, d'être constamment mis, comme un exemple, sous les yeux des générations futures.

IV

PIERRE DE FRANCINE

En nous promenant, un dimanche, dans les allées charmantes, quoique un peu solennelles, du parc qui a coûté tant de millions et tant de vies de soldats et de terrassiers, nous songions à cet « oublié de Versailles », à cet oublié des *Guides de l'étranger*, à cet oublié de l'histoire des Arts, dont l'œuvre curieuse — les Grandes-Eaux — est restée, en définitive, l'attrait principal et suprême de la ville de Louis XIV.

Les Grandes-Eaux de Versailles sont populaires autant et plus, et depuis plus longtemps que le Musée historique de son château.

Ce sont les Grandes-Eaux qui ont encore, à

LES GRANDES-EAUX DE VERSAILLES. — LE BASSIN DE NEPTUNE.

notre époque, cinq ou six fois par an le don de galvaniser la royale Pompéï française.

Ce sont les Grandes-Eaux qui y amènent des milliers de visiteurs et de consommateurs.

Eh bien ! le nom du créateur de ces effets d'eau, réellement bien combinés pour le plaisir des yeux, et d'un effet magnifique par un beau soleil ou pendant les fêtes de nuit, est absolument ignoré.

Tout le monde a entendu parler plus ou moins de l'architecte et du jardinier du Roi-Soleil.

Les noms de Mansart et de Le Nostre ne sont pas inconnus de la foule.

Ils sont inscrits, en outre, à l'angle des rues de la ville qu'ont embellie leurs travaux.

Pourquoi le nom de l'ingénieux hydraulicien qui a doté Versailles de ses Grandes-Eaux, aussi célèbres en France et à l'étranger que le parc de Le Nostre et que le palais de Mansart, est-il tombé dans l'oubli?

Les Guides n'en font même pas mention.

Ce qui est plus inexplicable, c'est que les mu-

nicipalités qui se sont succédé à Versailles, qui
ont pris soin de donner aux rues et places de la
ville les noms des personnages qui l'ont illus-
trée, à une époque ou à une autre, n'aient jamais songé à réparer cet oubli, cette ingra-
titude.

Pourtant, nous le répétons, c'est surtout
« l'œuvre » de cet oublié qui attire à Versailles
le plus grand nombre de curieux, au bénéfice du
commerce local.

Nous ferons pour l' « oublié » de Versailles
ce que n'ont pas fait pour lui les aubergistes à
qui ses Grandes-Eaux apportent des profits ; ce
que n'ont pas fait les municipalités successives
de la ville.

Nous demanderons que son nom soit inscrit
sur l'une des entrées du Parc.

Il s'appelait Pierre de Francine.

Il était fils de ce Nicolas de Francine, natura-
lisé français et anobli, que Colbert chargea d'a-
mener et de distribuer dans Paris les eaux de

Rungis et autres sources ou collections d'eaux bonnes à boire.

Il était petit-fils de ce Francine ou plutôt Francini, d'origine florentine, qui fut appelé à Saint-Germain et à Fontainebleau par Marie de Médicis, pour orner ces résidences de ces « grottes » de rocailles, incrustées de pierres de couleur, de cristaux, d'émaux bizarres (Palissy en cuisit des milliers dans cette intention) qui étaient dans l'admiration du temps.

Ces grottes décorées de lustres, de girandoles, étaient généralement pourvues (celles de Saint-Germain entre autres) d'orgues hydrauliques chargées de rendre des sons aussi mythologiques qu'harmonieux.

Pierre de Francine, le créateur des Grandes-Eaux de Versailles, avait été à bonne école, comme on voit.

Louis XIV le chargea d'embellir les parterres et les bosquets du parc d'effets d'eau de son invention.

Francine construisit d'abord la fameuse

grotte de Thétys, qu'a chantée La Fontaine et dont on peut lire une intéressante description dans Félibien.

Cette grotte, qui fut démolie assez vite, lors de l'agrandissement du Château sous Louis XIV, occupait l'emplacement où est bâtie la Chapelle.

De belles sculptures, des rocailles singulières, des effets de lumière et d'eaux, des concerts hydrauliques, faisaient de cette grotte un lieu des plus étranges et des plus agréables.

L'eau y était prodiguée, bien que rare à Versailles-la-Sableuse.

L'histoire des projets mis à exécution puis abandonnés, des tentatives faites pour collecter et amener des eaux de toute sorte à Versailles tiendrait un volume.

La machine de Marly (la première machine) fut jugée insuffisante pour le service du Parc.

Et pour alimenter les bassins et le jeu compliqué des eaux de Francine, on se servit — et on se sert encore — des eaux des étangs et prises d'eau du département, amenées aux réservoirs de la butte Montbauron.

De la butte Montbauron, ces eaux sont envoyées par plusieurs conduites de gros diamètre au « Château d'eau » édifié près du Parc.

C'est de ce château d'eau, immense réservoir contenant 1.118 mètres cubes, profond de 2 mètres 33 centimètres, et porté sur trente piliers de pierre, que vient l'eau que soufflent les dauphins, les grenouilles, les dragons, les tritons du Parc et que crache Encelade d'une hauteur prodigieuse.

Ce réservoir, quand les eaux jouent, se vide en 41 minutes.

Il se remplit en 39 minutes.

Les Grandes-Eaux, comme on sait, ne durent que 35 minutes dans leur plein.

. .

Mais cet espace de temps est très suffisant pour visiter, avec ordre et méthode et sans se presser, les différentes pièces et les parterres ornés d'eaux jaillissantes.

Ces pièces, les Parisiens et les étrangers, au grand scandale et à la grande indignation des

Versaillais de pure race, les désignent sous des noms qui étonneraient bien leur créateur, le classique Francine.

Le bassin de Latone est devenu la « Reine des Grenouilles »; l'allée d'Eau est devenue les « Marmousets »; le bassin d'Apollon, le « Char embourbé »; la pièce de Neptune, le « Dragon », la pyramide est surnommée « le Pot-bouillant, etc., etc.

Nous signalons à la municipalité actuelle de Versailles — que la municipalité de 1793, entre parenthèses, voulut appeler « Berceau de la liberté » — l'oubli du nom de Francine, le créateur des Grandes-Eaux, à l'angle d'une des rues de la ville où ses travaux attirent toujours la foule.

Il ne s'agit pas d'hommage rétrospectif; c'est un document historique à donner aux visiteurs.

V

LA COLLECTION DES PLANS-RELIEFS

AUX INVALIDES

La magnifique collection des plans-reliefs des places fortes et ports militaires de la France est contenue dans les mansardes monumentales de l'Hôtel des Invalides.

On n'est admis à la visiter que sur la présentation de lettres d'autorisation, accordées très facilement, du reste, par le général de division, directeur du dépôt des fortifications, 8, rue Saint-Dominique, à qui il suffit d'adresser une demande.

La collection des plans-reliefs, ouverte tous les ans, du 15 mai au 30 juin, est visible tous les jours, le samedi excepté, de midi à quatre heures.

LES INVALIDES.

Le musée des plans-reliefs s'ouvre sur la partie supérieure de l'escalier C.

Les immenses mansardes où il étale ses admirables travaux de science et de patience occupent trois des côtés de l'Hôtel.

C'est dire que le nombre des plans-reliefs exposés est considérable.

Il y en a, en effet, plus de deux cents.

Et ces plans, où les moindres accidents de terrain, où les maisons, où les travaux d'art, où les cultures, où les arbres, etc., sont représentés avec une fidélité surprenante, ont des dimensions telles que le regard en saisit à l'instant, sans difficulté, sans fatigue, l'ensemble et les détails.

Cherbourg, par exemple, occupe une surface de près de 60 mètres carrés.

Pour le simple visiteur, rien de plus saisissant, de plus attachant que la promenade de l'œil à vol d'oiseau dans les rues des villes et dans les campagnes qui les environnent, rendues palpables par ces merveilleux plans-reliefs si peu connus des Parisiens.

Il faut au moins deux heures pour examiner, et encore rapidement, les places de guerre et les ports militaires exposés aux Invalides.

De ces deux heures, pas une minute n'est lassante, pas une seconde n'est ennuyeuse : car la variété des paysages et des sites détruit absolument la monotonie qui pourrait provenir de la vue des bastions et des voies stratégiques.

Sans parler des souvenirs historiques, de tous les temps, glorieux ou douloureux qui se lèvent, devant l'esprit, de toutes les minuscules villes guerrières autour desquelles on circule, il est peu de visiteurs à qui ces mignonnes et charmantes campagnes, ces petits villages, ces grèves, ces falaises, ces clochers, ces rivières, ces jardins, ces dunes, ces ponts, ces sentiers, reproduits exactement dans les plans-reliefs, ne rappellent soit quelque localité natale, soit quelque endroit jadis traversé, visité, habité.

Un jour, aux Invalides, j'entendis un groupe de soldats et de vieilles paysannes reconnaître et nommer, avec un rire de surprise attendrie, les environs de leur ville, les fermes, les rou-

tes, les cabarets, le bourg où on allait danser,
le clos à « chose » et la rue à « madame une
telle !.. »

Une visite aux plans-reliefs c'est absolument,
fatigue à part et dépense en moins, comme si
dans cent villes ou ports de guerre on était
monté dans les beffrois et clochers pour s'offrir
une vue panoramique et topographique de la
ville ou du port, et de leurs environs à quatre
lieues à la ronde.

Et même je crois, à ce propos, qu'il serait
utile que chaque année, avant les voyages véri-
tables offerts comme récompense aux meilleurs
élèves des écoles de Paris, les professeurs eus-
sent la permission de conduire tous les élèves
des écoles communales, sans distinction, à la
collection des plans-reliefs des Invalides.

Cela ne s'est pas encore fait.

J'ai la conviction que l'examen de toutes ces
villes, en le soulignant d'une explication parlée,
serait pour les enfants un enseignement fécond,
agréable, et dont le souvenir, comme tous les
souvenirs enregistrés par les yeux, resterait
ineffaçable dans leurs jeunes cerveaux.

Je suis persuadé que la marche sur Sedan, par exemple, éclaterait dans toute son affreuse stupidité aux yeux des petits visiteurs, quand ils constateraient *de visu,* aux plans-reliefs, que la pauvre ville est située comme au fond d'une ornière, et qu'y entasser une armée, quand les hauts terrains qui la dominent sont laissés, sans défense, à qui veut les occuper, c'est conduire, aveuglément, ou traîtreusement, mais certainement, une armée à la destruction totale.

A côté des plans-reliefs des villes et ports français, on voit aux Invalides des places fortes étrangères, ou des « Vues-reliefs » de pays historiques, reproductions splendides, qui frappent l'imagination du visiteur sédentaire bien plus que toutes les vues peintes ou les photographies.

Voici le rocher de Gibraltar, voici Sébastopol, voici Anvers, Oudenarde, Maëstricht, Ypres, Tournai, Namur.

Voici une admirable vue de Constantine.

Puis, c'est la Suisse tout entière, avec ses

lacs, ses torrents, ses monts, ses glaciers. On plane sur elle, touriste d'un moment, comme si l'on était en ballon, mais sans avoir les pieds gelés.

Je ne puis énumérer toutes les curiosités instructives, amusantes, que renferme la collection des plans-reliefs. Elles sont en trop grand nombre.

Mais je puis dire que j'ai repassé forcément, aux Invalides, ma géographie et mon histoire, et avec un vif plaisir, en allant de table en table, dans les six cents mètres de mansardes gigantesques où sont exposés les plans-reliefs.

Et puis, il y a, dans une salle, des curiosités que l'on pourrait appeler les « plans anecdotiques », et que je signale particulièrement.

On y voit — peuplées de personnages qui ont deux centimètres de hauteur — des scènes historiques dans leur décor d'une exactitude minutieuse.

La « Défense du sergent Blandin », sorti de Bouffarick avec vingt soldats et attaqué par trois cents Arabes ; un « Episode de la prise de Mazagran ».

Le défilé, sur la place Vendôme, des troupes à leur retour de Crimée.

La vue de la prison de Normancrow, en Angleterre, où six mille Français sont restés captifs pendant onze ans, sous l'Empire.

L'arrivée du duc d'Orléans, le 31 juillet 1830, sur la place de l'Hôtel-de-Ville, avec l'Hôtel-de-Ville qu'étreignent de pittoresques maisons dont les estampes gardent seules le souvenir.

Enfin la vue complète du boulevard du Crime au moment de l'attentat de Fieschi (28 juillet 1835, midi 10) : le boulevard couvert de flots éperdus de curieux et de gardes nationaux; l'état-major du roi; les morts, les blessés; et, en face du jardin Turc, la maison étroite, au troisième étage de laquelle, derrière une jalousie qui pend, étaient installés les vingt-cinq canons de la machine infernale.

C'est le crime vivant, mais vu par le gros bout d'une lorgnette.

Rien de plus étrange.

En faisant le tour de la vitrine, on aperçoit l'intérieur de la maison Travault, et, descendant le long d'une corde rouge de son sang, un

Lilliputien, qui est Fieschi, à l'instant où des agents accourus dans la cour le découvrent.

Les attraits sérieux et curieux de la collection des plans-reliefs valent donc bien la peine de prendre la plume pour demander à la visiter.

VI

TACHES D'ENCRE CÉLÈBRES

Au seizième siècle, une célèbre tache d'encre, qu'on montre encore aux voyageurs, et qu'on ravive habilement chaque année (comme la tache du sang de Rizzio, à Holy Rood), fut faite sur la muraille d'une cellule, à Wartbourg ou à Vittemberg, à moins que ce ne soit à Erfurth, par l'encrier que Luther, dans un moment d'impatience, eut l'intention de jeter à la tête du diable, et qu'il manqua.

Ce pauvre diable l'échappa belle.

Je ne vous affirmerai pas que le fait se soit passé comme le raconte le Guide, mais la tache est là, sur la muraille, et il faudrait n'avoir pas deux sous de crédulité sur soi pour récuser un témoignage de cette couleur !

D'autres taches d'encre, moins légendaires, mais plus terribles à contempler, sont les taches que j'ai vues sur la basane d'une splendide table de travail, aux pieds décorés de merveilleux cuivres ciselés, en visitant le château de la Roche-Guyon, qui appartient au duc de la Rochefoucauld.

C'est sur cette table que Louvois, alors à la Roche-Guyon, rédigea l'ordonnance qui révoquait l'Edit de Nantes, pièce exécrable et impolitique qui fut envoyée et signée à Fontainebleau.

. .

Des taches d'encre beaucoup plus gaies et infiniment connues, ce sont celles qu'inventa Beaumarchais : d'abord la tache dénonciatrice que se fait à ses jolis doigts l'imprudente Rosine, dans le *Barbier de Séville*, et qui fait dire à Bartholo :

— « Vous n'avez point écrit? Non? Mais votre doigt est encore taché d'encre! Hein! rusée signora! »

Et dans le *Mariage de Figaro*, il y a aussi une

tache d'encre, un pâté, qui empêche Double-Main de lire sur un billet s'il y est écrit : *Et* ou bien *Ou*. Et Brid'oison, le juge bègue, s'écrie :

— « Un *pa-até*, je connais ça. »

La tache d'encre littéraire qui a causé le plus de bruit dans le monde, est certainement la tache que Paul-Louis Courier fit, par mégarde, à Florence, en 1807, dans un manuscrit du joli petit roman grec de Longus : *Daphnis et Chloé*, et précisément sur l'un des feuillets d'un passage jusqu'alors resté inconnu et qui n'avait pas encore été traduit, par conséquent, même par Jacques Amyot.

Cette tache malencontreuse et cette découverte transportèrent de jalousie et de colère les hellénistes italiens. Le conservateur de la bibliothèque florentine, furieux d'avoir eu en sa possession un manuscrit aussi précieux sans y avoir jamais remarqué le passage trouvé tout de suite par un vulgaire Français, accusa Courier d'être un voleur de grec et de s'être entendu avec son éditeur pour détruire le passage grec original, afin qu'il ne fût plus trouvable que dans l'édition française.

Courier a donné sur la *tache* du manuscrit de Florence, sur sa cause, sur ses conséquences, des explications très nettes et très amusantes dans une *lettre* célèbre adressée au libraire Renouard.

Enfin, au nombre des taches d'encre qui ont de la notoriété, je placerai, ce sera mon dernier mot, l'effroyable traînée noire, le gribouillage infernal que produit, sur un exemplaire de Tacite, ou des Commentaires de César, confié à un écolier, un misérable hanneton tombé au fond d'un encrier, puis sorti de ce cocyte de cabinet.

C'est dans la *Bibliothèque de mon oncle*, un des plus charmants récits du grand caricaturiste Tœpffer, que se trouve la description émouvante des hauts faits du hanneton en question.

VII

QUELQUES MASQUES

Il n'est pas nécessaire de remonter jusqu'au Déluge, dans l'histoire des masques, pour en rencontrer qui jouissent d'une immortelle célébrité. Nous n'irons que jusqu'aux Grecs.

Donc, chez les Grecs, qu'imitèrent les Romains par la suite, nous trouvons les masques tragiques et comiques, que tout le monde connaît. Masques complets, avec cheveux, sourcils et barbes et une longue bouche garnie de lames métalliques qui renforçaient le son de la voix. Ces masques antiques figurent encore, dans les décorations modernes, parmi les attributs des arts, et les cafés-concerts eux-mêmes, où rien de ce qui s'y débite n'a de rapport avec Eschyle ou avec Aristophane, arborent sur leurs murs la sombre grimace de Melpomène et le rictus épanoui de Thalie, masques renouvelés, comme le jeu d'oie, des Grecs.

. .

Nos musées et les collections publiques sont riches en masques de tous les temps et de tous les pays.

Au Louvre, section égyptienne, on peut se rendre compte de l'art déployé par les antiques fabricants de cartonnages coloriés destinés à voiler la figure humaine ou animale, en regardant les gaines des momies.

Il y a même là un masque fait d'une feuille d'or, reproduisant avec fidélité les traits disparus à jamais d'un personnage dont la mémoire vit encore, grâce à son masque.

Au même musée, dans la très intéressante collection ethnographique, on trouve d'admirables masques de théâtre japonais, qui sont des chefs-d'œuvre de sculpture sur bois, à côté de masques barbares des îles de la Polynésie, effrayants, emplumés, peints de couleurs farouches.

Dans les salles de peinture, les tableaux du Vénitien Guardi montrent les masques et « dominos » quotidiennement portés à Venise par les nobles, les sénateurs, les ecclésiastiques, les sbires jusqu'à la fin du dix-huitième siècle.

Les maîtres de l'école française et espagnole ont peint également, pour l'instruction de la postérité, les « tourrets de nez » que portaient les dames au XVI⁰ siècle, les cagoules sinistres aux yeux vides des inquisiteurs et des pénitents, les « loups » coquets des bergères frivoles et le « museau » noir des Arlequins scintillants.

Les masques d'Arlequins, en Italie comme en France, au XVII⁰ et au XVIII⁰ siècle étaient la reproduction exacte du masque comique antique.

* *

Mais il est des masques historiques, plus spécialement populaires, qu'on chercherait en vain dans les vitrines des musées de Paris.

C'est d'abord le « masque de cuir », que porta, pendant de longues années, le terrible tueur de protestants, Blaise de Montluc. Celui qu'on surnommait le *Boucher royaliste*, au XVIe siècle, avait été frappé d'une balle d'arquebuse en plein visage.

Il en était résulté une cicatrice si horrible à voir que le vieux soldat, pour ne pas épouvanter à chaque instant les siens, s'était condamné à se cacher sous un masque.

C'est aussi le « masque de drap noir » qui voilait le front du bourreau, resté inconnu, de Charles Ier d'Angleterre.

C'est encore, et c'est le plus immortel d'eux tous, le « masque de fer », ou du moins d'étoffe doublée de métal, qui déroba pendant quarante et un ans, à Pignerol, à l'île Sainte-Marguerite et à la Bastille, les traits d'un mystérieux prisonnier.

Ce masque n'est pas encore soulevé, cent quatre-vingts ans après la mort de celui qui le portait, et il est probable qu'il ne le sera jamais.

.·.

Bien des noms, appuyés sur des documents

plus ou moins authentiques, sur des conjectures ingénieuses, ont été donnés à l'homme au masque de fer.

On en a fait successivement le duc de Vermandois, le duc de Beaufort, le duc de Montmouth, Mathioli, ministre du duc de Mantoue, puis un fils d'Anne d'Autriche et de Buckingham, enfin un frère jumeau de Louis XIV. On s'est arrêté à cette dernière supposition, qui paraît vraisemblable.

Il y a quelque temps, on a même prétendu que le « Masque de Fer », mort à la Bastille, en 1703, était Molière, cru mort après le *Malade imaginaire,* mais en réalité enlevé et substitué, en 1673, au prisonnier venu de Pignerol.

La vérité est qu'on sait peu de chose sur l'infortuné qui vécut presque un demi-siècle en prison et y mourut, par la volonté d'un roi de droit divin.

**   **

Parmi les masques historiques qui ne figurent pas non plus dans les musées, il faut citer encore le « masque de verre » trouvé à côté de

Sainte-Croix, le complice de la Brinvilliers, l'abominable empoisonneuse.

C'est parce qu'il négligea de se couvrir de ce

MASQUES TRAGIQUES

masque en triturant ses affreuses mixtures qu'il mourut, sans avoir eu le temps de mettre en sûreté ses petites affaires funèbres, affaires par lesquelles se trouvèrent compromis bien des hauts personnages de la cour du roi Soleil. y compris Madame de Montespan.

Citons aussi le masque de fête que portait Gustave III, roi de Suède, le 15 mars 1792, et celui qui cachait, le même soir, les traits du gentilhomme Ankarstroëm, lorsqu'il tira sur son souverain, en plein bal, un coup de pistolet qui le tua.

Le mannequin d'osier qu'on promène, tous les ans, en novembre, dans les rues de Londres, et ailleurs, sous le nom de Guy Fawkes, en mémoire de la conspiration des poudres, est aussi un masque célèbre.

* *

A cette collection imaginaire, mais dont les éléments sont réels et authentiques, il faudrait joindre, pour qu'elle fût complète, les masques en « peau de chèvre ou de loup » des chouans, les « masques de suie » des membres de la bande des « chauffeurs », les « masques d'osier » que portaient les nobles Japonais décidés à se venger et voulant garder l'incognito.

Puis encore les « masques de bois », sous

lesquels jadis, aux Colonies, on emprisonnait la tête des nègres marrons repris dans les forêts.

Puis le masque d'étoffe de coton imbibée d'indigo épais qui protège perpétuellement la figure des Touaregs, dont le nom veut même dire les « voiles ».

Puis l'épouvantable « voile noir » des parricides, le bonnet qui masque le visage des criminels espagnols quand ils subissent le supplice de l'étranglement par la « garrotte », et le lugubre « bonnet de coton » que le bourreau en Angleterre et en Amérique, abaisse sur les yeux des condamnés à la potence au moment où il leur passe la corde au cou.

Puis les visières à crible des casques de la chevalerie, masques pesants, parfois bien inutiles, à preuve la mort de Henri II, qui eut l'œil crevé dans un tournoi malgré sa visière baissée.

Il serait convenable d'ajouter à ces masques — le « masque en fil de fer » des maîtres d'armes et des prévôts.

Enfin, à côté des masques du plaisir, du théâtre, de l'histoire, de la science, du crime, il faut

placer, bien en vue, les respectables masques
du travail.

C'est-à-dire, par exemple, cette espèce de
« muselière », garnie de coton aux narines, dont
se servent les ouvriers qui manipulent des subs-
tances dangereuses par leurs poussières ou par
leurs vapeurs; ou bien le masque de gaze ou
de crin qui protège la figure des éleveurs
d'abeilles au moment où on « fouette les mou-
ches », c'est-à-dire à l'époque où on force les
abeilles à quitter les ruches pour en enlever
impunément les gâteaux de cire et le miel.

Et aussi ce « loup » solide aux yeux grillés
de fer que campent sur leurs nez les casseurs
de pierres de nos grandes routes.

VIII

LIQUIER

DÉPUTÉ DE MARSEILLE AUX ÉTATS-GÉNÉRAUX

Liquier? — Qu'est-ce que Liquier? Où prenez-vous Liquier?

Liquier fut un des hommes de 1789. Je le prends dans l'Histoire.

Son nom, une heure apparu et prononcé par des milliers de bouches de patriotes, semble avoir si bien coulé à pic dans la mémoire humaine, qu'à la cérémonie réparatrice de l'inauguration du Jeu-de-Paume restauré, il n'en a même pas été fait mention.

Et pourtant ce nom obscur, il aurait dû, ce jour-là, être proclamé tout particulièrement, et avant bien d'autres, comme le nom d'une des dernières victimes de l'intolérance religieuse de la monarchie expirante.

Il aurait dû être hautement rappelé, ce jour-
là, au souvenir de la génération contemporaine,
dans la salle même du Jeu-de-Paume, justement
parce que le patriote qui le portait, comme un
autre Moïse, fut un des législateurs auxquels il
fut donné d'espérer, d'entrevoir la terre promise
de la régénération de la France, et qu'il n'y
entra pas.

Liquier, député de Marseille aux États-Généraux, était venu à Versailles après avoir accepté,
comme ses collègues de la Provence, de faire
entendre à la royauté, malgré noblesse et
clergé, les doléances et les résolutions du
peuple.

Il avait tenu parole, avec la ténacité et le cou-
rage des autres, et comme les autres, cet oublié
aurait, le 29 juin, dans la salle du Jeu-de-Paume,
répété et signé avec transport le serment célèbre.

Mais la mort ne lui en laissa pas le temps.

Il assista aux travaux préliminaires de l'Assem-
blée, il signa les appels réitérés aux deux ordres

hautains qui refusaient de se joindre aux députés des Communes.

Puis il s'alita.

Et le 13 juin, huit jours avant la suprême résolution prise par les députés de Paris, il s'éteignit dans le logement qu'il occupait à Versailles au n° 59 de la rue d'Anjou.

Liquier était protestant.

Quel que fût le grondement populaire depuis des années, quels que fussent, à l'heure où Liquier mourut, l'attitude des esprits et les grands progrès de la philosophie dans la bourgeoisie, le Ministère aveugle n'en faisait pas moins exécuter rigoureusement les prescriptions des ordonnances qui avaient révoqué l'Édit de Nantes.

Et, bien que Liquier fût député, bien qu'il représentât une portion du peuple français, bien que le Ministère eût tout intérêt à ne pas irriter, comme à plaisir, les masses qui, après avoir discuté au Palais-Royal les actes de la Cour, se rendaient de jour en jour plus ardentes de Paris à Versailles, il ne voulut pas permettre que l'inhumation de Liquier eût lieu en plein jour.

On ordonna qu'elle se fît, comme d'usage, la
nuit, dans un champ non consacré !

Un vent de folie, à chaque instant, soufflait
dans les cervelles des conseillers du roi.

Mais, en juin, les journées sont longues.

Il ne faisait pas nuit close, quand le commis-
saire de police, Lefèvre, du quartier Saint-Louis,
vint faire procéder à l'enlèvement du corps par
ses aides.

Aussi, il eut le temps de voir, dans la rue
d'Anjou et dans les rues environnantes, une
foule immense qui se disposait à faire cortège
au député qu'on se proposait d'enfouir comme
un chien.

Tout le Tiers-État, sauf de très rares dissi-
dents, était là, en corps, le président Bailly à
sa tête.

Le Tiers-État faisait déjà preuve, s'appuyant
d'ailleurs sur la volonté populaire qui fixa si
souvent ses hésitations, de cette solide et brave

discipline qui le rendit, pendant quelques mois, l'admiration du monde civilisé.

L'ensemble et la fermeté qu'il apporta dans sa généreuse protestation contre un acte d'intolérance barbare et surtout impolitique au premier chef en cette occurrence, aurait dû faire pressentir à la Cour — mais on y était sourd et aveugle — la résistance, autrement énergique et terrible pour elle en ses résultats, que les Communes opposeraient, peu de jours plus tard, aux suprêmes tentatives rétrogrades des créatures du roi.

Il n'en fut rien.

La Cour apprit, en frémissant de colère, mais sans en prévoir la portée, la protestation des Communes et du peuple.

Elle apprit que Liquier, l'hérétique représentant de Marseille, bien que condamné par le gouvernement à être jeté dans un trou, dans les prés, derrière Saint-Louis, avait eu les imposantes funérailles, attendries et populeuses, que n'avaient eues ni Louis XIV ni Louis XV, de contagieuse mémoire.

TABLE DES MATIÈRES

TABLE DES ILLUSTRATIONS

Paris — J. Mersch, 31, rue Denfert-Rochereau.